# ÉTUDE SUR L'ADMINISTRATION

## EN SAVOIE

AVANT ET DEPUIS L'ANNEXION.

# TRAVAUX SUR LA SAVOIE

## DU MÊME AUTEUR.


Le Rouergue dans ses rapports avec le Dauphiné et la Savoie, du I<sup>er</sup> au XIX<sup>e</sup> siècle. — Vienne, imp. Timon, 1868, in-12 de 64 pages.

Les nouveaux Guides en Italie, en Suisse et en Savoie. (*Journal de la Savoie*, n<sup>os</sup> des 18 mars et 17 avril 1864).

Note sur les personnes originaires du nord de la France qui exercent des fonctions publiques en Savoie. (*Courrier du Pas-de-Calais*, n° du 15 mars 1864).

Les Antonins de Chambéry. Compte rendu critique d'une brochure, sous ce titre, de M. François Rabut. (*Propagateur de la vallée de l'Isère*, n° du 31 décembre 1865).

Un mot sur la population de l'arrondissement d'Albertville. (Même journal, n° du 14 janvier 1866).

Note sur quelques établissements, d'origine ancienne, de l'arrondissement d'Albertville. (Même journal, même n°).

Un brigand savoisien en Rouergue. (Idem).

Note sur quelques découvertes d'antiquités romaines, qui ont eu lieu dans l'arrondissement d'Albertville. (Même journal, n° du 28 janvier 1866. — Reproduit depuis dans le *Bull. mon.* de M. de Caumont).

Réponse à une lettre de M. François Rabut sur les Antonins de Chambéry. (Même journal, même n°).

Chutes d'aérolithes observées, à diverses époques, dans la région de la Savoie et du Dauphiné. (Même journal, n° du 4 février 1866).



Vienne, imp. et lith. de J. Timon, rue des Capucins, 7. — 1868.

# ÉTUDE

SUR

# L'ADMINISTRATION

## EN SAVOIE

**AVANT ET DEPUIS L'ANNEXION ;**

SUIVIE D'UN

Vocabulaire explicatif des principales
appellations et locutions en usage, en Savoie,
dans le langage administratif et judiciaire.

## Par M. Victor ADVIELLE (d'Arras),

Fondateur de la Bibliothèque pratique de l'Administration française,
Membre de l'Académie Impériale de Savoie,
de la Société française d'archéologie, de l'Académie d'archéologie de Belgique,
du Cercle artistique d'Anvers, etc.,
Lauréat de plusieurs Sociétés savantes,
Chevalier de plusieurs Ordres.

1868

TIRÉ A 115 EXEMPLAIRES
DONT 5 SUR PAPIER DE COULEUR.

# ÉTUDE SUR L'ADMINISTRATION

## EN SAVOIE

AVANT ET DEPUIS L'ANNEXION.

La Savoie était préparée de longue date à devenir française. Elle possédait de nombreux établissements, une bonne organisation administrative et judiciaire, des ressources abondantes et variées, un personnel de fonctionnaires sérieusement organisé. Elle avait la langue, les mœurs, les habitudes de notre pays, et n'était plus italienne que de nom. Les lois et la jurisprudence qui la régissaient ne différaient pas trop sensiblement des nôtres. L'annexion se fit donc sans secousse, sans violence d'aucune sorte, sans pression administrative, par la simple volonté d'un peuple libre et intelligent.

Sous le *régime sarde*, c'est-à-dire avant l'annexion, la Savoie était partagée en deux *divisions administratives* ayant pour chefs-lieux Chambéry et Annecy.

Chaque *Division administrative* se subdivisait en *provinces*, en *mandements*, en *communes*.

Ces noms correspondent à ce que nous appelons, en France, *département, arrondissement, canton* et *commune*.

La *Division administrative* était régie par un *Intendant général*, ou Préfet, et les provinces par un *Intendant*, dont les attributions, quoique plus étendues, étaient analogues à celles de nos Sous-Préfets.

La *Division administrative* de Chambéry se composait de 4 provinces, de 29 mandements, de 311 communes. Elle comprenait les provinces de Savoie propre, de Haute-Savoie, de Maurienne, de Tarentaise. La population s'élevait à 318,266 habitants.

La *Division administrative* d'Annecy se composait de 3 provinces : Genevois, Chablais, Faucigny : de 22 mandements, de 269 communes. Elle renfermait 274,057 habitants.

L'organisation judiciaire de la Savoie était ainsi réglée : *Cour d'appel* siégeant à Chambéry, huit *tribunaux de première instance* (un par province, le 8ᵉ à St-Julien), 51 *juges de mandements* (un par mandement), remplissant des fonctions analogues à celles de nos juges de paix. Le tout relevait de la *Cour de cassation* de Turin.

L'administration municipale était paternelle. On y vivait presqu'en famille, car nulle part, peut-être, l'idée communale n'est si puissante qu'en Savoie.

Les *Intendants* chargés de l'administration des provinces étaient choisis parmi les hommes les plus instruits et les plus éclairés du pays. Tous, sans exception, avaient été reçus docteurs en droit dans l'une des quatre universités du royaume. Ils étaient bienveillants, et s'appliquaient à satisfaire les vœux des populations dont ils connaissaient intimement les mœurs, les habitudes, les besoins. Ceux qui, depuis l'annexion, sont restés au service de la France, ont puissamment contribué à ménager à ces populations les embarras qu'entraîne inévitablement à sa suite tout changement dans les hommes et dans les choses.

Ils ont ainsi aidé à faire aimer le nom français en Savoie.

Les Intendants remplissaient des fonctions à la fois administratives et politiques. Leur rôle, à cet égard, est nettement défini dans une circulaire du Ministre de l'Intérieur Pinelli, portant la date du 13 avril 1849. On y lit ce qui suit :

» Plus les temps sont difficiles, plus aussi les personnes qui dirigent la chose publique doivent montrer de la fermeté, de la persévérance et du courage.

» Je suis persuadé que MM. les Intendants savent apprécier toute l'importance de leurs fonctions, mais pour les exciter davantage encore à les remplir dignement, et n'ignorant pas que pour cela il est surtout avantageux de leur faire connaître d'une manière précise les intentions du Gouvernement, j'ai l'honneur de vous transmettre les instructions qui suivent.

» Le Gouvernement de S. M. entend, avant tout, que l'on

fasse observer et respecter toutes les lois d'ordre public. Il rendra MM. les Intendants responsables non seulement de la violation flagrante de la loi, mais aussi de la faiblesse qu'ils toléreraient chez leurs subordonnés. MM. les Intendants doivent bien se persuader qu'en agissant autrement la vie n'est plus possible pour les Nations, et que bientôt l'anarchie anéantirait l'ordre social.

« Étant chargés de la direction supérieure de l'ordre public, ils doivent employer tous leurs soins à faire cesser les intrigues et les menées des partis dont le but criminel est de semer la haine entre les citoyens et les anciennes classes, d'exciter les populations contre le libre exercice des pouvoirs consacrés par la Constitution, de pousser aux rassemblements, qui ne font que troubler l'ordre public. Ils donneront les instructions nécessaires pour que les personnes prises en flagrant délit soient arrêtées ; ils tâcheront de rassembler les preuves de l'infraction, et feront auprès du Fisc toutes les instances nécessaires pour la prompte expédition des procédures.

« Ils devront, aussi, avoir l'œil sur toutes les branches du service public, et sur celles mêmes qu'ils ne dirigent pas d'une manière immédiate, pour signaler au Gouvernement les abus et les faiblesses qu'ils viendraient à découvrir.

« Ils comprendront que la société a, comme tous les individus, droit à sa propre conservation, et lorsque l'obscurité de quelques termes employés dans une loi leur fera douter de leur compétence à prendre certaines mesures, en cas d'urgence ils agiront sans hésiter et d'une manière prompte et immédiate. On ne verra plus alors des doutes continuels faire tourner contre la société des lois qui ont été faites pour la garantir et la défendre.

« Ils mettront toute leur sollicitude à obtenir le concours de ces hommes libéraux qui désirent la liberté avec autant de loyauté et de sincérité qu'ils montrent d'aversion pour toute pensée de réaction, d'anarchie et de démagogie... etc. »

Les lois et règlements d'administration publique étaient généralement publiés en langue française : il en était de même des circulaires et instructions émanant des Intendants généraux de Chambéry et d'Annecy et des Intendants provinciaux. Celles des divers ministères de Turin étaient assez souvent rédigées en langue italienne, ce qui n'offrait pas un grand inconvénient puisqu'elles ne s'adresaient qu'à des chefs de service qui connaissaient tous cette langue.

Les affaires étaient traitées dans les bureaux d'Intendance avec célérité et promptitude. On y faisait usage d'un très-grand nombre de formules imprimées, ce qui, en réduisant de beaucoup le travail purement matériel, permettait de donner plus de temps et de soin à l'étude des affaires. Au reste, l'instruction était sommaire dans la plupart des cas. On s'attachait plus, et avec raison, au fond qu'à la forme ; en d'autres termes, on paperassait le moins possible. Les municipalités adressaient toujours aux Intendants *trois* expéditions des délibérations prises par les conseils communaux ou les juntes municipales. L'une de ces expéditions était renvoyée approuvée, s'il y avait lieu, au syndic ; les deux autres restaient déposées dans les archives de l'Intendance provinciale et de l'Intendance générale.

Les Intendants tenaient un registre d'arrivée et de départ des correspondances qu'ils nommaient *protocole*. Leurs bureaux étaient subdivisés en *divisions* et en *sections*.

Les pièces d'une même affaire étaient renfermées dans une chemise imprimée, en papier de couleur, sur laquelle on analysait, au fur et à mesure, le *cours de l'affaire*.

Le papier généralement employé pour la correspondance était solide, sans être élégant.

Tout, néanmoins, n'était pas parfait en Savoie sous le régime sarde. On peut même dire que si les lois étaient excellentes et nombreuses, elles n'étaient point toujours strictement appliquées. Un peu plus d'argent eût été, au reste, nécessaire pour mettre en vigueur les principes que ces lois proclamaient. Quoi qu'il en soit, il est juste de déclarer, à l'honneur du gouvernement piémontais, qu'au moment de l'annexion la Savoie avait fait des *progrès immenses*, et qu'au point de vue administratif et judiciaire la législation avait peu à envier à celle qui lui a succédé, et à laquelle elle était même, dans certains cas, préférable.

Le code sarde (1) en vigueur en Savoie ayant été calqué sur le code Napoléon, et bon nombre de nos lois ayant servi de canevas aux lois sardes, la pratique de l'administration ne différait pas sensiblement de la nôtre.

La substitution des lois et de la jurisprudence françaises aux lois et à la jurisprudence sardes se fit donc sans de trop grandes difficultés ; et les nouveaux Sous-Préfets, pour la plupart anciens agents sardes, purent continuer leur mandat, au grand avantage des bons rapports qu'il était, avant tout, nécessaire d'entretenir entre les populations et le gouvernement qu'elles s'étaient choisi.

Au début de l'annexion, l'action administrative s'était concentrée, à Chambéry et à Annecy, entre les mains de Préfets intelligents, pleins de vouloir et d'initiative.

L'un d'eux, surtout, M. Dieu, aujourd'hui président du Conseil de préfecture de la Seine, fut, en quelque sorte, chargé d'appliquer dans les deux nouveaux départements les méthodes de classement et d'instruction des affaires, qu'il avait brillamment inaugurées dans le département de la Haute-Saône, et qui ont fait sa réputation, très-légitimement acquise, d'administrateur pratique.

Quant au personnel des bureaux des préfectures et des sous-préfectures, il fut recruté un peu partout. Certains choix furent loin d'être heureux ; mais il fallait des hommes de bonne volonté : on les prenait où on les trouvait. Aujourd'hui l'organisation de ces bureaux est complète et satisfaisante.

Les premiers temps de l'administration en Savoie ont été fort laborieux, et ils le sont encore. On se trouvait en présence de nécessités multiples de droits à sauvegarder, de situations à ménager, d'intérêts à concilier, de besoins qu'il fallait satisfaire à tout prix. On avait peut-être aussi trop promis au début. Dans tous les cas, l'activité appelait l'activité, l'initiative l'initiative, le progrès le progrès. Bon nombre de fonctionnaires ont été, il faut le dire, à la hauteur de cette tâche difficile, ingrate, qui ne

---

(1) M. Joseph Osier, avocat à Annecy, a publié récemment une excellente traduction française du nouveau code civil italien.

trouve sa récompense que dans la satisfaction du devoir accompli.

Les plus graves questions (1) qui se soient présentées pour l'administration française, au début de l'annexion, ont été celles relatives aux fondations des écoles et à la jouissance des biens et bois communaux.

J'ai traité, en détail, dans un récent travail, la question du *Bénéfice-cure* et des Fondations des écoles : je ne reviendrai pas sur cette importante question qui agite toujours la Savoie. Je constaterai seulement que le retrait de certaines mains des titres de fondation des écoles a été favorable au développement de l'instruction primaire en Savoie. Ce retrait était légal, et il était d'autant plus désirable, que l'abus s'était glissé autrefois de toutes parts dans le corps enseignant.

On lit dans le préambule d'une ordonnance du conseil de réforme de Chambéry, en date du 31 décembre 1821, concernant les maîtres d'école :

» La négligence qu'apportent la plupart des syndics, et sur-
» tout dans les campagnes, à exécuter ce que les lois et les rè-
» glements leur prescrivent au sujet de l'éducation et de l'en-
» seignement de la jeunesse, de même que l'insouciance des
» parents à l'égard d'un objet aussi important, ont nécessité de
» la part du Conseil de réforme des mesures particulières pour
» obvier le plus promptement aux abus graves et sans cesse
» renaissants que causent des gens sans aveu, soit étrangers,
» soit du pays, qui se permettent de tenir école, d'y introduire
» même des élèves des deux sexes, sans aucune autorisation
» légale. »

Le dispositif de cette ordonnance porte : « qu'il est défendu
» à tout individu, de quel état, qualité et condition qu'il soit,
» de tenir école sans être approuvé par la Réforme. »

Les maîtres d'école exerçant, à cette date, avec autorisation, étaient astreints par cette ordonnance, pour continuer leurs fonctions, à obtenir du Conseil de réforme une nouvelle autori-

---

(1) Quelques fragments de cette partie de mon travail ont paru dans l'*École des Communes*, année 1867, pag. 97-101.

risation, qui n'était valable que pour un an. Chacun d'eux devait
» prêter, par-devant le recteur de la commune, serment d'être
» fidèle au Roi, affectionné au gouvernement royal, d'exercer
» ses fonctions avec honneur et probité, de n'admettre dans son
» école aucun élève du sexe féminin, et de conduire ses élèves,
» les dimanches et fêtes, à l'église pour y assister à tous les offices
» divins. »

Cette importante question de la réforme des études et de l'enseignement dans les écoles communales de Savoie a fait l'objet
de plusieurs autres manifestes du Conseil de réforme.

Même dans ces derniers temps, le choix des municipalités ne
portait pas toujours sur les instituteurs les plus instruits et les
plus méritants. La modicité du traitement s'opposait à ce que
l'on considérât l'enseignement comme une carrière sérieuse ;
aussi, peu de jeunes gens étaient disposés à faire quelque sa-
crifice pour se rendre dignes d'un emploi où des connaissances
solides doivent s'allier à beaucoup de zèle et de dévouement.

Toutefois, au moment de l'annexion, ces abus s'étaient consi-
dérablement amoindris ; les vieilles lois avaient disparu pour
faire place à celles fort nombreuses, qui, après 1848, organisèrent
l'instruction élémentaire sur un pied fort respectable.

Avant cette époque, quelques écoles seulement, en très-petit
nombre, étaient ouvertes neuf mois de l'année : dans toutes les
autres on n'enseignait que pendant quatre à cinq mois au plus.

Néanmoins, et c'est un fait digne de remarque, on rencontrait
fort peu de personnes illettrées en Savoie. Les dernières statis-
tiques sur le degré d'instruction des adultes ont attribué à la
Haute-Savoie le 28ᵉ rang et à la Savoie le 31ᵉ rang parmi nos
départements, dont plusieurs, on le sait, étaient depuis long-
temps pourvus de tout ce qui est nécessaire au développement
des études.

Il faut dire, ici, à la décharge des fonctionnaires sardes, qu'en
ce moment encore les administrations municipales de la Savoie
ont assez généralement des tendances contraires aux vues de
l'administration académique, qui, au début de l'annexion, a
provoqué un brusque revirement dans la marche du service

de l'instruction primaire en instituant dans toutes les communes une école permanente au lieu d'une école temporaire, qui, sous le gouvernement sarde, ne fonctionnait, dans la plupart des localités, que pendant l'hiver. Les écoles permanentes de garçons sont acceptées facilement, parce qu'une partie du traitement des instituteurs est supportée par le Département ou par l'Etat ; mais les écoles de filles restant entièrement à la charge des communes, celles-ci ne perdent pas de vue la raison d'économie, et voudraient renvoyer l'institutrice pendant la saison d'été.

Quoi qu'il en soit de ces mécontentements, le fait de la transformation du service de l'instruction primaire en Savoie est à peu près accompli, et il est tout à l'avantage des populations.

Le mobilier scolaire était déplorable à l'époque de l'annexion : il manquait même presque partout. Les nouvelles administrations savoisiennes ont fait des sacrifices notables pour doter leurs écoles d'un mobilier en rapport avec les exigences de notre époque ; et la munificence du Gouvernement est venue largement en aide à celles qui étaient obérées pour les aider à se procurer le mobilier réglementaire des instituteurs.

Quant au personnel, il s'est accru d'un bon nombre d'instituteurs capables, pris dans les anciens départements, et que la population a parfaitement accueillis.

Toutes les questions relatives aux forêts et aux pâturages communaux intéressent à un si haut degré les habitants de la Savoie qu'il est rare de soulever ces questions sans provoquer aussitôt des réclamations, souvent même des récriminations contre l'administration forestière : c'est que celle-ci, en constatant les ravages occasionnés dans les forêts sous le régime sarde, est entrée résolûment dans une voie réparatrice, assurément profitable à tous. Mais cette brusque transition d'un régime qui a semblé rigoureux aux habitants a déterminé chez ces derniers un mécontement assez vif dans les premiers temps de l'annexion. L'effet produit dans les esprits par ce changement ne s'est peut-être pas entièrement effacé ; cependant les populations s'habituent au régime conservateur actuel ; l'administration, de son côté, leur fait toutes les concessions possibles en

leur permettant, notamment, l'introduction du bétail dans les forêts défensables.

Les plaintes sont généralement de trois espèces :

1° Les pâturages seraient sacrifiés aux forêts ;

2° L'assiette des coupes d'affouage ne serait pas établie à
portée des habitants ;

3° Enfin, le bois de construction serait délivré à un prix trop
élevé, eu égard aux difficultés de l'exploitation.


Quelques administrations savoisiennes veulent encore que
l'affouage ne soit délivré qu'aux habitants qui en feraient la
demande ; d'autres sollicitent l'abolition de la vaine pâture.

J'ai dit plus haut que l'esprit communal, idée quelquefois
étroite et rétrograde, était très-développé en Savoie. En voici un exemple pris entre cent : la commune de M... possède
des pâturages pour 2,000 moutons, et il n'y a que 1,000 de ces
animaux dans la localité. Cependant, le Conseil municipal
refuse d'y laisser introduire des moutons appartenant à des
étrangers, et même d'établir aucune taxe de pâturage.

Ce fait prouve surabondamment que la loi du 18 juillet 1837,
en laissant aux Conseils municipaux le soin de régler le mode
de jouissance des biens communaux, n'a pas assez tenu compte
des véritables intérêts des communes, car l'autorité supérieure
se trouve désarmée lorsque des intérêts particuliers portent les
Membres de ces conseils à préférer, comme dans l'espèce, la
jouissance en nature et gratuite, dont ils sont appelés à profiter
les premiers, au préjudice du corps moral et des habitants pau-
vres qui ne sont pas en état de jouir de la dépaissance commune.

L'annexion avait trouvé la majeure partie des services municipaux en souffrance ; il n'y avait pas de commune qui n'eût à
demander soit une mairie, soit des fontaines, soit des répara-
tions à l'église, au presbytère. Mais il n'est pas de service qui
ait reçu, sous le régime français, une aussi grande impulsion,
et dans lequel aient été réalisé de plus grandes améliorations,
que celui des constructions. Les architectes suffisent encore à
peine aux besoins des municipalités, et on peut affirmer que
presque toutes les communes ont élevé, depuis l'annexion, des

bâtiments neufs. Une louable émulation se communique de proche en proche.

Le service des chemins vicinaux et ruraux, des ponts et ponceaux, si nombreux et si utiles en Savoie, a reçu également un développement et une importance jusqu'alors inconnue dans cette contrée.

Ce mouvement prompt et exceptionnel d'entreprises communales a nécessité des sacrifices considérables : mais les communes les ont supportés avec enthousiasme, et on en a vu s'imposer jusqu'à 150 centimes additionnels.

Les nombreux emprunts contractés par les administrations savoisiennes, au début de l'annexion, ont été réalisés directement avec les particuliers, ou avec le Crédit foncier de France.

L'ensemble des autres mesures prises depuis l'annexion peut se résumer ainsi :

Création et amélioration, sur une très-large échelle, des voies de communications de toutes catégories :

Organisation des compagnies de sapeurs-pompiers :

Achat de pompes et de seaux à incendie dans la plupart des communes :

Substitution des couvertures incombustibles à celles en chaume ou autres matières inflammables ;

Assurance des bâtiments communaux et fabriciens :

Amélioration des fontaines publiques et création de réservoirs d'eau ;

Développement des Sociétés de secours mutuels et du service postal.

Il reste, sans doute, beaucoup à faire encore ; mais le progrès n'est point lent en Savoie, pays d'initiative et de forte volonté ; et fonctionnaires et habitants se sont mis résolûment à l'œuvre dans une pensée commune.

Les Savoisiens forment un peuple intelligent, laborieux, susceptible quelquefois jusqu'à l'exagération, mais généralement bienveillant et sympathique pour l'étranger.

Si, depuis l'annexion, plus d'un fonctionnaire a quitté sans regrets la Savoie, c'est, il faut le dire hautement, que la plupart d'entre eux ont eu peu de ménagements pour les habitants. Ils ont oublié que les mœurs, les usages, les coutumes changent de département à autre, et qu'un fonctionnaire doit les subir sous peine de manquer à son mandat.

Les agents du Gouvernement sarde en Savoie étaient presque tous du pays et y possédaient une maison d'habitation : l'appartement garni y était presque inconnu.

A l'époque de l'annexion, l'armée de fonctionnaires français qui fut envoyée en Savoie trouva donc difficilement à se loger. Les rares logements qu'on mit à leur disposition manquaient du confortable auquel on est habitué en France, et se louaient fort cher. Ces inconvénients, joints au prix non moins élevé des pensions, provoquèrent des plaintes nombreuses, bientôt exagérées, contre la Savoie et ses habitants.

Mais il s'est construit, depuis l'annexion, dans les principales villes, des maisons propres et bien disposées ; il s'est créé de nouvelles pensions ; la concurrence s'est établie, et avec la concurrence tout a repris son cours à peu près normal.

L'avenir se présente donc plus favorable pour les nouveaux fonctionnaires qui seront envoyés en Savoie, et le moment n'est pas éloigné où ces départements annexés n'auront rien à envier à nos plus beaux départements.

Située dans une région magnifique, à proximité de Genève, de Lyon, du Dauphiné, de l'Italie, la Savoie offre aux natures d'élite de charmants sujets d'étude, de ravissantes distractions. Là, les faits se pressent, et le plus petit coin de terre a son passé.

Souvenirs historiques, archéologiques, poétiques, littéraires, religieux, politiques, faits scientifiques, anecdotiques, légendaires, tout abonde en Savoie : le champ est vaste et la mine d'exploration inépuisable.

# VOCABULAIRE EXPLICATIF

DES

## PRINCIPALES APPELLATIONS ET LOCUTIONS

EN USAGE EN SAVOIE

DANS LE LANGAGE ADMINISTRATIF ET JUDICIAIRE.

---

A.

AFFOUAGE. — AFFOUAGISTES. — Taxe affouagère ou d'affouage.

ALBERGEMENT ( acte d' ). — Titre constitutif d'un genre particulier de rente foncière.

ALLÈVREMENT. — Se dit du principal des contributions foncières de chaque parcelle de terrain.

On dit « reversé sur l'allèvrement des propriétés particulières » pour indiquer que ce principal, qui figurait à la cote des propriétés communales, des forêts, des pâturages, par exemple, a été ajouté à celui des propriétés cultivées appartenant aux habitants, et que, par conséquent, il ne figure plus à la cote de la commune.

ANCIENS DÉPARTEMENTS. — On désigne ainsi les départements français, autres que ceux annexés, et plus spécialement ceux qui avoisinent la Savoie.

ASCENSATAIRES. — On nomme ascensataires les personnes qui mènent paître des bestiaux dans les montagnes des communes, et paient aux communes une somme plus ou moins forte en compensation de cette jouissance.

ASSESSEUR. — Membre de la junte municipale.

ATTIGU, pour contigu.

2

Aveu d'un mot nul rayé. — Cette formule est généralement employée en Savoie dans les actes judiciaires. Elle indique que le copiste a mis un mot à la place d'un autre, mais que l'erreur a été rectifiée en marge de l'acte.

Avocat patrocinant. — Celui qui a été reçu docteur en droit dans une des universités du royaume, a fait ensuite les années de stage et prêté le serment voulu pour soutenir et faire valoir les droits des individus et des corps moraux par-devant le tribunal et en toute autre circonstance.

<h1 style="text-align:center">B.</h1>

Bardeaux. — Lames de bois qui couvrent, dans une grande partie de la Savoie, la presque totalité des constructions de la montagne.

Batiments rustiques. — Le rustique du presbytère. — Grange, hangar, écurie, etc., et, en général, tous les bâtiments qui ne servent pas à l'habitation personnelle du maître. Les bâtiments rustiques peuvent être échelonnés sur une étendue de terrain ou attenants au corps principal du logis : dans l'un et l'autre cas ils conservent la même dénomination.

Bénéfice-cure. — Administration des biens de la cure proprement dite. — Voir notre travail intitulé : *Du bénéfice-cure, en Savoie sous les législations sarde et française.*

Bilancé. — De bilan. — Les fonctionnaires qui ont administré sous le régime sarde écrivent souvent encore : *crédit bilancé* pour *crédit inscrit au budget.*

Blaches. — Herbe que l'on fauche dans les étangs et les prairies toujours couvertes d'eau, et qui est exclusivement destinée à servir de litière.

Bon gouvernement (*buono governemento*). — Qualification donnée souvent dans les actes au régime sarde pendant les premières années qui ont suivi la restauration de 1815.

Bonne main. — Rémunération en argent ou en nature.

Bordereau de collocation. — Se dit d'un jugement qui attribue à divers une part proportionnelle dans la totalité du prix des biens d'un débiteur, vendus à la requête même d'un seul créancier.

Bouchon. — Branche de houx ou bouquet de verdure suspendu, dans les campagnes et même dans les villes, au-dessus de la porte d'entrée des auberges et des cabarets, et qui tient lieu d'enseigne. Cette dénomination est commune à plusieurs départements de la région du centre et du midi de la France.

Une ordonnance de police du gouverneur général du duché de Savoie, en date du 1er janvier 1823 (modificative et interprétative du règlement de police du 9 décembre 1818), prescrit à tout propriétaire d'auberge, cabaret et autres lieux publics, « placés dans les allées ou dans quelques endroits de « la ville (de Chambéry) qui ne profitent pas de l'éclairage « général, de tenir une lanterne allumée à la porte de leurs « établissements, dès l'entrée de la nuit jusqu'à l'heure de leur « fermeture, sous peine d'amendes et peines.... »

Une autre ordonnance, de la même date, émanant également du gouverneur général du duché de Savoie, porte, en son article 1er, que, « à dater du 1er juillet 1823, il ne sera « plus permis, dans les villes chefs-lieux de province, ni dans « leurs faubourgs, d'exercer la double profession de boulanger « et de cabaretier. »

Ces documents ont leur valeur historique.

L'article 1er de l'arrêté réglementaire du Préfet de la Savoie, en date du 15 septembre 1860, concernant les débits de boissons, porte ce qui suit :

« Les cafetiers, les cabaretiers et autres personnes débitant « des boissons, même accessoirement à un autre commerce, « sont tenus de placer sur la principale porte de leur établisse- « ment une enseigne indiquant leur profession en lettres très- « apparentes. Les cabaretiers pourront, suivant l'usage, sup- « pléer à cette enseigne par un bouchon. »

Chambéry est l'une des villes de France qui renferme le plus de cafés et de cabarets.

## C.

Cadastre. — Le cadastre de la Savoie remonte, pour un certain nombre de communes, à plus de deux siècles.

Cartelle, en italien *scontrino*. — Bulletin de notification détaché d'un registre à souche.

Cas. — Exemple : il serait peut-être le cas. — Cette formule, très-usitée en Savoie, n'appartient pas seulement au langage ordinaire : elle a été, en quelque sorte, consacrée par son introduction dans la langue administrative : elle se trouve, en effet, reproduite telle que je la donne ci-dessus dans divers documents imprimés de ces dernières années, notamment dans le compte rendu des délibérations des conseils divisionnaires d'Annecy et de Chambéry.

Cave communale. — Dans les localités où il se fait un grand commerce de fromages, les habitants ont la disposition, pour l'entrepôt et la conservation de leurs produits, d'une cave établie sous roc dans une propriété communale. C'est ce que l'on nomme *cave communale*. Elle est le plus souvent affermée ; la jouissance en est rarement gratuite.

Chalets communaux. — Plusieurs administrations municipales ont fait construire, à des époques récentes ou reculées, des chalets, ou petites demeures, pour y recueillir les populations tout-à-fait indigentes. Ces chalets sont entretenus par les occupants au moyen de bois de construction et de matériaux qui leur sont délivrés gratuitement par l'administration des Forêts et les agents du service vicinal. Cette concession, bien que temporaire, présente néanmoins un caractère de perpétuité qui a porté les communes à imposer aux occupants des chalets une taxe annuelle très-minime, qui est recouvrée par les percepteurs comme en matière de contributions directes publiques. Le paiement de cette taxe garantit aux communes la propriété des chalets.

Clouée de paille. — La clouée ou botte de paille, du poids de 5 kilogrammes, est estimée valoir cinquante centimes.

Commissaire aux levées. — Fonctionnaire militaire qui présidait aux opérations du tirage au sort des jeunes gens de la classe appelée, comme le font aujourd'hui les préfets et sous-préfets.

CONGRÉGATIONS ET CONSEILS DE CHARITÉ. — Établissements publics analogues à nos bureaux de bienfaisance.

CONSERVATORIJ. — On désignait sous ce nom les établissements de refuge proprement dits, tels que lieux d'asile, couvents, maisons d'orphelins, maisons de repenties.

CONSORTIALES ( DÉPENSES ). — Se disait et se dit encore des dépenses ou des travaux faits en commun. On appelait, dès lors, routes consortiales celles qui était exécutées aux frais de plusieurs communes. Dans les départements français, autres que ceux de la Savoie, ces sortes de chemins sont désignés sous le nom de chemins de moyenne communication, ou, mieux, d'intérêt commun.

CONSTE ( IL ). — Pour « il résulte de telle lettre, de tel document, etc. » — Très-usité en Savoie. — J'ai vu ce mot employé dans un acte de décès, rédigé à La Martinique en 1857.

CORPS MORAL — CORPS MORAUX. — Administration publique. Un décret sarde, du 23 octobre 1859, porte, en son article 10, ce qui suit : « La commune est un corps moral qui s'ad- « ministre lui-même suivant des règles établies par la loi. »

CORRESPECTIF. — Compensation.

CORVÉES. — Prestations en faveur des chemins. Depuis l'annexion, un certain nombre de personnes ont demandé la décharge des corvées auxquelles elles avaient été imposées sous le régime sarde, et pour lesquelles des rôles nouveaux avaient été mis en recouvrement par les percepteurs. D'autres se fondaient sur ce que ces corvées étaient imposées à leur père, quand elles auraient dû, aux termes des lettres patentes sardes, du 3 mars 1838, être acquittées par son fermier. Plusieurs, enfin, invoquaient la prescription en se fondant sur l'article 35 desdites lettres patentes. Toutes ces réclamations ont été écartées par le motif que lesdites taxes sont légitimement dues, et que, sous le régime sarde, de même que sous le régime français, la prescription n'est pas applicable au recouvrement des impôts.

Coupe-glaces. — Poutres de bois dur retenues par des crampons en fer solidement fixés à la charpente, que l'on place sur les toits des maisons pour, comme leur nom l'indique, arrêter dans leur chute la glace et la neige qui s'amoncellent, pendant les longs hivers, au faîte des habitations.

L'usage des coupe-glaces est général en Savoie, et prescrit administrativement comme mesure de sécurité publique. La plupart des règlements de police municipale portent cette mention: « Les toitures ayant leur pente sur la voie publi- « que devront être garnies de gouttières et de tuyaux de « descente conduisant les eaux pluviales sur le sol ou dans « les canaux d'égoûts. Ces toitures devront, en outre, être « munis de coupe-glaces solidement fixés. Les traverses des « coupe-glaces seront placées à dix centimètres au moins au- « dessus de la toiture. »

L'établissement de coupe-glaces dans les localités où cet usage n'est pas général peut être prescrit par arrêté municipal, approuvé du préfet. Les contraventions à ces arrêtés sont constatées par des procès-verbaux et poursuivies conformément à la loi, sans préjudice, s'il y a lieu, de l'action civile résultant des dégradations ou de la destruction des appareils d'éclairage, ou tous autres d'utilité publique, par la chute des neiges et des glaces.

## D.

Définie (sonner la). — Pour *annoncer* par le son des cloches le décès d'un individu. Locution usitée dans les règlements et délibérations des conseils de fabrique des églises. — A Rodez (Aveyron), on dit dans le langage vulgaire: quelqu'un est mort; on sonne la *finie*.

Derocher (se). — Tomber de la montagne dans un précipice, un ravin.

Derrière. — Ce mot a, en Savoie, la même signification qu'en France, avec la seule différence qu'on le prononce ainsi: le *dérier*, par *dérier*.

— 23 —

Détenu. — On emploie le mot *détenu* pour *retenu* dans les actes testamentaires. Ainsi, on rencontre souvent cette invariable formule : « Lequel..., quoique *détenu* dans son lit, affligé de maladie corporelle.... » Ce mot ne s'emploie à l'infinitif que pour les choses, et non pour les individus.

Direction. — Donner une direction à une affaire, c'est lui faire suivre tel ou tel cours régulier d'instruction.

Dresse ( la ). — Pour : *la rédaction* de ce procès-verbal, de cet acte, etc.

Duché de Savoie. — Ses limites ont souvent varié depuis sa création jusqu'à la restauration définitive du roi de Sardaigne, en 1815.

## E.

Écoles de hameaux. — Écoles entretenues, pendant quelques mois d'hiver, dans les hameaux et écarts des villages de la Savoie. Voir ce que j'en dis dans mon récent travail sur le *Bénéfice-cure*.

Écoles mixtes temporaires. — Ces sortes d'écoles ne sont pas reconnues par la loi française ; mais en Savoie on a dû en autoriser exceptionnellement à raison des habitudes locales, de la difficulté des communicatios pendant l'hiver, et aussi des besoins des hameaux épars dans les montagnes.

Églises. — L'usage de l'ancien diocèse de Tarentaise était de faire des églises à trois nefs d'égale hauteur.

Émigration. — Ces mouvements périodiques, qu'on appelait le départ et le retour des hirondelles de Savoie, se célébraient par des fêtes patriarcales. — Voici ce qu'on lit, au sujet de l'émigration, dans le compte rendu des délibérations du conseil divisionnaire de Chambéry, année 1858, p. 45 :

« L'émigration péridioque, par exemple, est en elle-même une bonne chose pour un pays où, comme en Savoie, une partie des populations montagneuses est condamnée à une ruineuse inaction pendant nos longs et rigoureux hivers.

« Mais elle peut devenir une calamité lorsqu'elle dépasse

de justes limites et qu'elle prive l'agriculture des bras qui lui sont nécessaires.

« Autrefois, les habitants de nos montagnes allaient, pendant l'hiver, chercher à l'étranger un travail productif que leur refusait, dans leur patrie, la rigueur du climat ; mais avec les beaux jours ils rentraient dans leur village, où ils plaçaient le fruit de leurs économies.

« Ces émigrations deviennent aujourd'hui de plus en plus permanentes, et, déjà, dans quelques communes, des terres restent sans culture faute de bras. »

En bas, en haut. — Dire d'un homme qu'il est allé en bas, c'est dire qu'il est allé au chef-lieu d'arrondissement ou de département. — Il est *en haut* quand il est retourné dans la commune.

État civil. — Les actes de l'état civil ont été tenus, en Savoie, par les curés jusqu'à l'époque de l'annexion. On y trouve, à la fin de chaque acte de naissance, la mention suivante : « L'indication de la naissance et de la réquisition pour l'administration du baptême ont été faites par...., parrain de l'enfant. »

J'ai remarqué que les maires confondent très-souvent, dans les documents relatifs au recrutement, la *date de l'acte* de baptême d'un individu avec *celle de sa naissance* : il en résulte que de fréquentes erreurs de ce genre sont relevées dans les actes administratifs.

Quelques secrétaires de mairie négligent aussi, intentionnellement, de mentionner sur les tableaux de recensement *l'année* de la naissance des jeunes gens. Ils se bornent à indiquer *le jour*.

Ce sont des faits particuliers au travail bureaucratique de la Savoie.

Voir au mot : *Prénoms*.

F.

Facultés. — Ne s'emploie qu'au pluriel pour *moyens, situation de fortune*. Exemple : « Mes *facultés* ne me permettent pas de léguer quelque chose à.... »

Fayard. — Essence de bois hêtre, très-répandue dans les montagnes de la Savoie. On s'en sert, de préférence à tout autre bois, pour chauffer les appartements. Une voiture ordinaire de bois fayard, amenée sur place, se vend habituellement 12 francs, bien que les marchands l'offrent toujours à 12 francs 50 c. — Un Savoisien ne sait pas proposer un marché sans l'adjonction des 50 centimes traditionnels, qu'il *rabat* toujours ensuite. — Les scieurs prennent de 1 franc à 2 francs pour *rentrer* une voiture de fayards.

Feu. — « Dubois (Joseph), *feu* Antoine. » L'emploi du mot *feu* dans les actes de toute nature est abréviatif et signifie fils de *feu....* — Il est généralement usité, même dans les actes administratifs. — En somme, le prénom du père est presque généralement rappelé à la suite des noms et prénoms d'un individu.

On dit aussi il est *feu* pour il est mort.

Les actes antérieurs au XI<sup>e</sup> siècle constatent qu'à ces époques reculées les noms de famille n'existaient pas. Chacun se distinguait par un nom propre, auquel ou ajoutait souvent une épithèthe tirée des qualités ou de la profession. Ainsi l'on disait Jacques le forgeron, ou bien Bernard, fils de Léocade; Hugues, fils de Pierre; Guillaume, fils de Robert.

Ce qui correspond à peu près à la formule Charles, feu Jean, généralement usitée en Savoie.

Figure. — Difficulté, contestation. — Exemple: « .... par lesquels mesdits héritiers je veux et entends mes dettes et legs être payés, sans *figure* de procès. »

Fondations. — A l'époque de l'annexion, l'existence de nombreuses fondations fut signalée à MM. les préfets de la Savoie et de la Haute-Savoie. Ces fondations, qui, jusqu'alors, avaient toujours été recouvrées par les trésoriers des communes, les recteurs ou d'autres personnes notables, servaient à acquitter diverses charges, notamment l'entretien des écoles de hameaux.

L'un des premiers soins de MM. les préfets fut de se faire représenter la totalité des actes de fondations afin d'en reconnaître la valeur et d'en poursuivre le recouvrement. Mais bientôt on reconnut que le recouvrement de ces rentes sur particuliers était entouré de mille difficultés ; car, par suite de la division des héritages, les rentes se subdivisaient à l'infini, et, dans certaines communes, on rencontrait des débiteurs de rentes de 5 centimes. En droit, la solidarité existait bien entre tous les débiteurs d'une même rente, mais il était impossible de tirer le moindre avantage de cette solidarité ; elle apportait, au contraire, des entraves au recouvrement. On s'occupa, alors, d'amener les débiteurs de rentes à se libérer, ce qu'ont fait un grand nombre.

Sur les fondations au profit des écoles, voir notre travail intitulé : *Du Bénéfice-Cure.*

**FONDS DE COMMUNE.** — Ressources communales. — Cette formule s'emploie presque toujours dans ce sens que les ressources libres sont épuisées.

**FRANCHIBLE.** — Rachetable. — Exemple : « Lègue à..... la rente annuelle et perpétuelle de cent livres nouvelles de Piémont, *franchible* sous le capital de deux mille livres, même monnaie, etc. » On doit entendre par ce mot *franchible* que, quel que soit le taux de la rente, elle pourra toujours être rachetée avec un capital de 2,000 francs.

### G.

**GARDIATEUR.** — Garde de troupeaux.

**GERDIT.** — Place des jeux.

**GLIÈRES.** — On nomme glières des terrains improductifs couverts de pierres, que les eaux d'une rivière ou d'un torrent ont délaissés en se retirant.

### H.

**HUTINÉE ( PIÈCE DE CHAMP ).** — Qui est plantée d'arbres, lesquels sont destinés à soutenir les vignes.

**HOIRS.** — D'hoirie, héritage. — On dit les hoirs pour les héritiers.

### I.

**INCOMBANCES.** — Ce mot s'emploie en style administratif dans le sens de formalités. — Exemple : « .... s'engagent à remplir toutes autres *incombances* qui pourraient être requises. »

Insinuation et Domaines. — L'Enregistrement (Insinuation) et les Domaines ne formaient, comme en France, qu'une seule administration sous le régime sarde, avec cette grande différence, cependant, que l'obligation imposée aux notaires par la loi sarde de faire *insinuer* les actes par eux reçus constituait une mesure non-seulement fiscale, mais encore de prévoyance, car la perception des droits se faisait non pas sur la minute de l'acte, mais bien sur une copie authentique qu'ils transmettaient à l'insinuateur dans le délai d'un mois, à compter de sa date, et que celui-ci déposait dans ses archives pour tenir lieu de minute, si celle-ci venait à être détruite.

Insinuer. — Enregistrer. — Exemple : « .... a fait insinuer le présent acte au bureau d'insinuation. »

Institution particulière. — Formule : « Je donne et lègue, à titre d'institution particulière, à...., la somme de...., au moyen de quoi je le prive du surplus de mon hoirie. » En Savoie, sous le régime sarde, le chef et fondement de tout testament était l'institution héréditaire.

Intendant général. — Intendant de province. — Fonctions analogues à celles de nos préfets et sous-préfets. Les intendants généraux employaient à l'égard des intendants de province la formule suivante de salutation : « J'ai l'honneur d'être, avec une considération très-distinguée, M. l'intendant, votre très-humble serviteur. »

Interrogat. — Interrogation. — Employé fréquemment dans les testaments et certains actes notariés. — Formule : « Et, sur *l'interrogat* et exhortation que vous m'en faites, je déclare... »

Intervenir. — Assister. — Les lettres d'invitation aux soirées du dernier gouverneur de Chambéry étaient ainsi conçues : « Le marquis Orso Serra, gouverneur de Chambéry, prie M.... de lui faire l'honneur *d'intervenir* au bal qui aura lieu le...., à 8 heures du soir, dans les salles du château. » Ces cartes sont une curiosité du genre : elles ont 14 centimètres de hauteur sur 20 centimètres de largeur.

## J.

Junte Municipale. — Conseil pris parmi les membres du conseil communal, et qui était chargé, par délégation, dans l'intervalle des sessions, de l'administration quotidienne de la commune.

## L.

Lieux dits. — Les lieux dits, sur les plans, dans les actes et dans le langage ordinaire, sont toujours désignés dans la forme indicative. Ainsi on dit et on écrit : Au Plan, à Mont-Coutin, au Cret, aux Côtes, à la Combaz, à l'Ébaudiaz.

On dit aussi : Hameau de Montmirail, chemin de La Combaz, Morache-Dessus.

Livres neuves ou livres nouvelles. — Une partie de la monnaie sarde était antérieure à 1792. De 1792 à 1815, c'est-à-dire pendant toute la durée de l'occupation française, le franc était la base de la monnaie sarde. Depuis lors, le mot *livre* a été rétabli sur ces monnaies. C'est de ces dernières que, dans les actes testamentaires, les contrats, les traités de toute nature, on entend parler quand on dit livres neuves ou livres nouvelles. La *livre neuve* valait et vaut encore un franc, monnaie de France. Quoique d'origine étrangère, elles sont admises par l'usage du commerce, sans difficulté, pour leur valeur dans toute l'étendue des départements de la Savoie et de la Haute-Savoie. La livre vieille, ou livre tournois, antérieure à 1792, vaut 1 franc 20 centimes. Une pénalité atteignait le notaire qui négligeait, dans ses actes, de désigner la monnaie par livres neuves ou livres vieilles.

## M.

Mairie et Hotel de ville. — Il est d'usage, en Savoie, de désigner par *Hôtel de Ville* la maison commune du chef-lieu de département, d'arrondissement et même de canton. Dans les autres communes, ce bâtiment prend le nom de *Mairie*.

Cette distinction est toujours rigoureusement établie dans les itinéraires des conseils de tirage au sort et de révision. On dit aussi : il est allé *à la Commune*, pour *à la Mairie*.

Mandement. — Circonscription territoriale qui correspond à celle de nos *cantons*.

Manifeste sénatorial, ou Manifeste du Sénat de Savoie. — Acte portant promulgation, dans l'étendue du duché, d'une loi ou de tout acte de l'autorité, communiqué audit Sénat par *billet* royal.

Mappe ( la ). — Plan.

Mas. — S'emploie pour : *au lieu dit*. — Au mas....

Ménétrier. — Joueur de violon chargé de faire danser dans les fêtes de campagne. Vieux mot français très-usité en Savoie de préférence à tout autre.

Milice nationale, ou Garde nationale. — Elle n'était organisée que dans les villes chefs-lieux de province et dans les chefs-lieux de mandements.

Minerval ( droit ). — Rétribution scolaire. — On dit : la Minervale.

Moins ( le ), pour *au moins autant*. — Exemple : « Il est indispensable à la commune d'avoir annuellement *le moins* d'affouage que celui qui a été demandé dans la délibération sus-visée. »

Molestie. — Ce mot est généralement employé dans le sens d'inquiétude par les greffiers des tribunaux. Ainsi on écrit : « il importe de l'astreindre à en rapporter due quittance au défendeur pour mettre celui-ci à l'abri de toute *molestie* à ce sujet de la part des hoirs.... »

Montant ( ce ). — Dans les actes des administrations municipales le mot *montant* est souvent employé pour *somme*. Ainsi on écrit : « Ce *montant* ( cette somme ) pouvant être affecté à telle dépense. »

## N.

Neige folle. — Qui prend peu, que le vent emporte. *Ce n'est pas la vraie*, disent les Savoisiens.

Normal ( du latin *normalis* ), fait à l'équerre. — Règle. —

Modèle. — Par extension, on a donné le nom de *normal*, dans certains départements de France et en Savoie, à celui des budgets communaux qui est désigné sous la qualification de *primitif*, ou mieux principal. — Ainsi, on dit et on écrit : le *budget normal*, pour le *budget primitif*.

Dans la séance du 1er juillet 1865, l'illustre avocat et député Berryer a fait usage de ce mot : « La ville de Paris « peut fort bien satisfaire à ses besoins avec ses ressources « *normales*..... »

Je trouve aussi, à la même date, l'emploi, sous une autre forme, du mot normal dans un document administratif : « La populatoin *normale* ou municipale de la ville de.... »

## O.

Obster. — S'opposer. — On dit : rien ne *s'obste*, pour rien ne s'oppose à ce que telle chose ait lieu.

## P.

Palais du Gouvernement. — Nom donné à l'habitation du gouverneur et à celle du commandant général du duché de Savoie.

Parallèle. — Comparaison. — On écrivait : « Établir le « parallèle des entrées et des sorties, etc. ; le parallèle des « dépenses. »

Part. — Mot conservé du vieux français, et synonyme de *du côté*. Ainsi, on dit et on écrit : Un tel est receveur d'octroi *part* (du côté) de Chambéry. Je trouve dans la *Description du Berry au XVIe siècle*, par Nicolas de Nicolay, Dauphinois, que j'ai récemment éditée : « .... estroicte entrée de « la *part* du mont Hermain. »

Pas. — On emploie *très-rarement* cet adverbe en Savoie. C'est une remarque que je crois être le premier à faire. On dit de préférence *point*. Je constate au mot *puis* (voir ci-après) l'énergie que met le Savoisien à affirmer ses opinions. Dans l'usage si fréquent de l'adverbe *point* nous retrouvons encore un des côtés les plus saillants de son naturel volontaire. Le grammairien Collin d'Ambly établit cette différence entre *pas* et *point* : que *pas* s'emploie de préférence dans les phrases usuelles, et *point* dans les phrases énergiques, dans les sentences, dans les commandements.

PASSE. — Clef faisant l'office de passe-partout.

PASSIVITÉS. — Charges quelconques. On dit : à l'égard des passivités qui pourraient peser sur la pièce de terre.., etc.

PEDON. — Agent municipal, qui, dans les petites localités dépourvues de gardes-champêtres, est chargé spécialement du service de la Mairie. Par extension, tout individu faisant à pied un service quelconque.

POIDS ET MESURES. — Vérificateur. — Sous le régime sarde, la vérification des poids et mesures avait lieu au chef-lieu de canton. Il n'en est plus de même aujourd'hui : les vérificateurs sont tenus de se transporter dans toutes les communes, et il n'est fait d'exception que pour celles où il serait difficile de transporter le matériel de vérification.

PORTANT (SE) pour *montant à la somme de...* — On dit et on écrit : « Le présent mémoire se portant à... »

PRÉFET. — Dans le langage usuel, les habitants des campagnes de la Savoie qualifient assez généralement les sous-préfets du titre de préfet.

PRÉNOMS. — Les prénoms des femmes ne sont souvent, en Savoie, que des prénoms d'hommes au féminin. Ainsi, Michelette, Josephte, Etiennette. — François, dans le langage parlé, et même écrit, se dit Francelin. — On trouve aussi réunis des prénoms masculins et féminins. Ainsi : François-Angèle ; Joseph-Marie. — Le mot Guigues est très-fréquent comme nom et prénom, indistinctement. On doit y voir, sans doute, un souvenir traditionnel des anciens Dauphins.

Voir au mot : *État civil.*

PRESCRIT (LE). — On dit et on écrit : « Pour exécuter le « *prescrit* de la lettre. »

PROCUREUR DES ÉCOLES DU HAMEAU. — Agent de la localité muni d'un mandat en due forme qui le constituait administrateur des intérêts du corps moral qu'il était chargé de représenter.

Propriétés communales. — Dans les pays de montagnes, la nature des habitants se rapproche souvent de celle des peuples primitifs qui avaient tout en commun. Aussi les délits d'usurpation, d'enlèvement de bois, etc., sont-ils nombreux en Savoie. Je trouve dans une délibération municipale, portant la date du 15 novembre 1863, la phrase suivante qui semble absoudre les délits forestiers : « Considérant qu'il est impos- « sible à chaque habitant de pouvoir subvenir à ses besoins « de bois de chauffage avec une si minime quantité ( celle « délivrée en affouage par l'administration des forêts), sans « qu'il soit *obligé* de faire des délits ou à dévaster entiè- « rement ses propriétés..... »

Province. — Circonscription territoriale qui correspondait à ce que nous désignons sous le nom d'arrondissement.

Puis. — Ce mot est fréquemment intercalé, sans motif et inutilement, au milieu de phrases comme dans celles-ci : Je suis allé *puis* à Chambéry. — On m'a *puis* dit. — Je n'en suis pas *puis* bien sûr, etc. — Ce mot est particulier au langage parlé de la Savoie et surtout du Dauphiné. Il ne faut voir dans son emploi qu'une sorte d'exclamation énergique, destinée à appuyer, à confirmer un récit, une discussion.

Dans les environs d'Albertville, ce mot est dit *pis* par abréviation ; mais dans toute la Maurienne et d'autres contrées de la Savoie on dit *puis*.

Cette abréviation peut tenir à l'influence, déjà très-sensible en Savoie, de la langue italienne, qui comporte beaucoup d'abréviations finales. Ainsi, en Savoie même, on prononce *Falq'*, ou *Falque*, pour *Falcoz*.

R.

Raison. — « Peut-on vous demander *raison*. — Ces Messieurs reçoivent annuellement environ 100 francs, dont il font *raison* comme bon leur semble. » — Jusqu'à la fin du XVIII<sup>e</sup>

siècle on appelait, en France, *livre de raison* tout livre de commerce.

RAMONAGE. — Dans quelques communes de la Savoie les maires font procéder, une fois chaque année, par un agent municipal ramoneur, au ramonage de toutes les cheminées des particuliers. Les frais de ce ramonage sont supportés par égale part par les intéressés, et jusqu'à concurrence d'une somme d'environ 40 centimes par cheminée ramonée. Le rôle de cette sorte de taxe municipale est mis en recouvrement par le percepteur; et, bien qu'illégale au fond, puisqu'elle constitue un impôt véritable qui aurait besoin d'être sanctionné par une loi, elle est presque toujours acquittée sans réclamation. Néanmoins, et afin d'éviter que, par ignorance, les comptables ne se laissent aller à des poursuites, ces rôles ne sont plus maintenant rendus exécutoires que sous la réserve suivante : *Vu et approuvé, sauf à surseoir à toutes poursuites en cas de refus de paiement.*

RECOURS. — Terme générique employé pour désigner toute demande, pétition, supplique, de quelque nature qu'elle soit, administrative ou judiciaire, qui est adressée à une autorité supérieure. — La plupart des recours ne sont pas datés. Ceux présentés dans le mois de janvier sont quelquefois datés ainsi : Le [3] 1867, avec suppression du nom du mois. — On termine presque toujours les recours par cette formule: « Sur ce, daignez pourvoir. »

RÉGENT. — Ce mot, dans les titres de fondation, correspond à celui d'instituteur primaire. On y lit souvent: *Vicaire-Régent*, pour dire le ministre du culte chargé en même temps d'apprendre à lire et à écrire à la jeunesse. Il n'était chargé de l'administration des fondations que par exception.

RÉGIME SARDE. — On entend par régime sarde tout le temps que la Savoie a été administrée par des agents du gouvernement sarde. C'est un des mots les plus fréquemment employés.

RELIGION DES SAINTS MAURICE ET LAZARE. — On rencontre dans tous les actes testamentaires, d'une date un peu ancienne, cette phrase en quelque sorte stéréotypée: « Je déclare que mes facultés ne me permettent pas de léguer quelque chose aux hôpitaux de la province, ni à ceux de la sacrée religion des saints Maurice et Lazare. » Cette déclaration était imposée aux notaires par une ancienne loi, sous peine d'amende en cas d'infraction.

Rénovation de titres. — Renouvellement.

Représentation ( frais de ). — Contrairement au principe généralement admis en France de la gratuité des fonctions municipales, *quelques* maires des départements de la Savoie se font allouer une allocation sous le titre de : *Frais de représentation*. — Cette allocation varie suivant l'importance des communes; mais elle n'est jamais inférieure à cent francs.

Répulsif. — Avis défavorable, avis contraire. Très-usité en Savoie dans le langage administratif.

Retinents, ou mieux Renitents. — Sous la législation sarde, on dressait, chaque année, un état des « retinents et retardataires » qui n'avaient pas acquitté leurs taxes.

Révérend. — Titre donné à tous ecclésiastiques pourvus de bénéfice, et qu'ils continuent à porter dans la pratique. On dit et on écrit encore : Révérend Curé. — On écrit aussi : *Révérend* (nom et prénoms), *Curé de la paroisse de....* »

Rez-terre pour rez-de-chaussée. — Employé généralement par les architectes.

Rière, pour *dans*, *sur*. — Usité dans le langage écrit. Exemple : situé *rière* la commune. — Dans un acte notarié, du XIV<sup>e</sup> siècle, en langue latine, dont le journal *Le Mont-Blanc* ( n° du 29 novembre 1867 ) a publié une traduction, on trouve cette formule : « Fait à Bonneville, *rière* la maison ( *retrò domum* ) de moi, notaire. »

Rippe. — Terrain inculte et généralement rocailleux et en pente, ne produisant que des broussailles.

Rôle de consigne. — Etat de recouvrement de la taxe imposée sur les bestiaux mis au pâturage sur les terrains communaux.

Rôle des corvées, ou rôle des prestations. — Voir au mot *corvées*.

Rôle des débiteurs. — Sous le régime sarde le recouvrement des revenus s'opérait indistinctement d'après un rôle des débiteurs. Aujourd'hui, ce rôle n'est établi qu'à défaut de pièces qui font titre entre les mains des receveurs municipaux.

Rose. — Etat de propositions. — On dit et on écrit : « Rose de six membres. » Ce mot est spécial à la correspondance ecclésiastique.

## S.

Savoisien, Savoyard. — Les habitants de la Savoie sont désignés généralement sous le nom de Savoisiens. — L'épithète de Savoyard n'est plus prise, aujourd'hui, qu'en mauvaise part.

Secrétaire de commune, de ville. — Les secrétaires des municipalités de la Savoie, sous le régime sarde, étaient choisis assez habituellement parmi les notaires de la localité. — Leurs attributions étaient assez étendues. Ils signaient, pour copie conforme, les expéditions des délibérations, certifiaient l'exactitude des extraits du cadastre et l'accomplissement des formalités de publication et d'affiches, etc.

L'article 3 de l'édit royal de 1822 bornait, pour les notaires demeurant hors du chef-lieu judiciaire de la province, l'exercice du notariat au département d'insinuation dans lequel ils résident.

L'application de cet article donna lieu à examiner, plus tard, si les notaires, secrétaires des communes situées hors du département susdit, pourraient recevoir les actes notariés dépendants de leurs fonctions de secrétaires. La question, soumise au Roi, fut jugée en ce sens : « que les notaires, secrétaires de com- » munes situées hors du département d'insinuation de leur ré- » sidence, pourront, néanmoins, recevoir les actes notariés dé- » pendants de leurs fonctions de secrétaires de communes, à » la charge de se faire immatriculer aux bureaux d'insinuation » dans le ressort desquels lesdites communes sont situées. » Manifeste de la royale Chambre des Comptes de Turin, du 14 décembre 1822.

Secrétaire de division. — On désigne assez habituellement sous ce nom les Chefs de division des préfectures.

Secrétaire d'Intendance. — Fonctionnaire public dont le

caractère et la position étaient supérieurs à celles des secrétaires de sous-préfectures qui leur ont succédé, car ils remplaçaient l'Intendant en cas d'absence ou d'empêchement, et avaient qualité pour recevoir les actes publics dépendants de leurs fonctions, tels que adjudication de travaux communaux, de ventes de coupes de bois, etc.

SELS ET TABACS. — Sous le régime sarde, ces deux produits étaient réunis pour la vente.

SÉNAT. — Cour d'appel siégeant à Chambéry.

SOIT. — Ce mot est souvent employé dans les actes pour *ou*. Ainsi : « Le rustique du presbytère, *soit* corps de bâtiments, composé de... »

SOMMAIRE-APPRISE. — Enquête. S'emploie dans ce sens · « Veuillez me dire si la sommaire-apprise doit être faite, etc. »

SYNDIC. — Agent municipal. Il était chargé, sous le régime sarde, d'administrer la commune. Il présidait le conseil communal et la junte municipale. Ses fonctions étaient analogues à celles de nos maires.

SUBASTER, ou mieux SUBHASTER. — Du latin : *sub hastâ*, sous la lance, c'est-à-dire vente d'immeubles sous l'autorité de la justice. On dit : *la subastation ; vendu par subastation.*

**T.**

TABELLES GÉNÉRALES. — Tableaux imprimés, envoyés dans les intendances et aux syndics pour être remplis. C'est ce que nous nommons États de renseignements.

TABELLION. — Notaire. Qualification encore en usage en Savoie. Il signifiait aussi le bâtiment destiné au dépôt des copies d'actes *insinués* et des minutaires des notaires décédés, ou qui avaient cessé leurs fonctions sans avoir obtenu de la Chambre des comptes l'autorisation en faveur d'un notaire de les recevoir en dépôt chez lui pour en délivrer des copies authentiques.

TANGENTE. — Part contributive d'une commune dans une dépense quelconque, qui donne lieu à secours, comme la construction d'une église. On dit *la tangente.*

Ténorisées. — Conditions ou conclusions ci-devant ou ci-après ténorisées, c'est-à-dire déterminées.

Titres et créances des communes. — Voir au mot Fondation.

## U.

Un chacun. — Employé pour *chacun personnellement*. Opposé à *en tous*, employé pour *tous*. Exemple : « Je, dit Jean-Claude M..., testateur, *en tous* et un chacun les biens, meubles, immeubles, or, argent, créances, droits, noms, raisons, et actions dont je n'ai pas disposé par le présent, et que je délaisserai à mon décès, je crée, nomme et institue pour mes héritiers, à titre universel, lesdits Joseph et Maurice M..., mes deux frères, etc. »

## V.

Va bien ! — Approbation, marque de satisfaction donnée à un récit, un travail. — Exclamation très-usitée en Savoie.

Vicaire-régent. — Était chargé, sous le régime sarde, du temporel de l'église et, en même temps, de la direction d'une école. Il tenait le plus souvent son existence des fondations faites, avec cette destination, au bénéfice-cure, ou à la fabrique. — Les vicaires-régents sont supprimés de fait depuis l'annexion. — Voir au mot Régent.

Vienne, imp. et Lith. de J. TIMON, rue des Capucins, 7. — 1868.